Texte partie documentaire
Jacques MIOT, instituteur maître-formateur
Anne POPET, conseillère pédagogique

Edition
Sylvie Cuchin
Coordination artistique
Léa Verdun
Illustrations
Stéphane-Yves Barroux : pp. 20, 21, 22.
Patrick Morin : p. 21.
Conception et réalisation partie documentaire
Christian Blangez-Atelier Ovale

© Éditions Nathan, 9 rue Méchain, 75014 Paris, 1996.
ISBN 2. 09. 121104. 4

Collection dirigée par Alain Bentolila et Georges Rémond

Gafi
mène l'enquête

Illustration : Mérel
Texte : Claire Ubac

NATHAN

Dans cet album, tu vas lire :

une nouvelle histoire de Gafi
de la page 4 à la page 19

 *Avec Gafi, tu vas apprendre :*

à mieux connaître l'eau

◀ l'eau est nécessaire à la vie .... page 20

◀ l'eau solide : la glace .... page 21

◀ l'eau solide redevient liquide .... page 22

◀ l'eau s'évapore .... page 23

◀ la vapeur d'eau redevient liquide .... page 24

Tu vas rencontrer ces personnages :

**Gafi,
le petit fantôme**

**Mélanie, Rachid, Pascale et Arthur,
des enfants de ton âge**

**un commissaire
de police**

Pacha, le chat

Tourne vite la page pour savoir qui a volé l'argent du boulanger…

Gafi vient de rejoindre Mélanie, Rachid, Pascale et Arthur. Ses amis l'entourent très vite.
— Qu'avez-vous à me regarder comme ça ? demande Gafi.

Rachid répond :
— Nous t'attendions avec impatience.
Il se passe des choses bizarres dans cette ville.
Que peux-tu nous dire sur ce fantôme assommeur ?

— Quel fantôme assommeur ?
Mélanie s'écrie :
— Voyons, Gafi, toute la ville en parle !
Il y a un voleur mystérieux qui assomme
les commerçants… mais on ne sait pas comment.
Les gens ne se souviennent de rien, sauf
d'une vague forme blanche comme celle d'un fantôme.

—C'est peut-être un de tes copains ? ajoute Pascale.
Gafi, vexé, n'a même pas le temps de répondre...
Devant sa vitrine, le boulanger se frotte la tête et crie :

« Au voleur ! »
Les passants se précipitent et nos amis s'approchent aussi, curieux.

Rachid décide de mener l'enquête.
Il découvre une flaque d'eau derrière le comptoir.

Gafi entraîne ses amis dehors.
— Venez voir !
Arthur remarque :
— Rien ne prouve que ces traces se dirigent vers la boulangerie.

— C'est vrai, dit Gafi. Mais devant le magasin, elles ont pu être effacées. Il y avait beaucoup de monde. Suivons-les… Elles nous mèneront peut-être à une piste.

Les traces conduisent les enfants à un jardin qui donne dans un champ.
Pascale s'écrie :
— Regardez, là-bas ! Vite, il faut le rattraper !

Essoufflés, les amis s'arrêtent à l'endroit où ils ont vu disparaître la forme blanche.
Ils trouvent une enveloppe sur le sol.

— Elle a dû tomber de la poche du voleur, dit Mélanie toute excitée.
— Ne l'ouvrez pas ! dit Arthur. Allons chez moi pour découvrir ce qu'elle contient. Je décollerai l'enveloppe à la vapeur et Gafi la remettra en place.
Comme ça, le voleur ne s'apercevra de rien !

15

— Et voilà le travail ! dit Arthur.
— Pas de doute, il s'agit du prochain vol, ajoute Pascale. Il n'y a pas la date, mais ça doit être pour demain. Allons prévenir la police !

Les enfants se rendent au commissariat et Gafi va replacer l'enveloppe à l'endroit où ils l'ont trouvée.

— Hum, fait le commissaire, votre histoire me paraît bien curieuse. Mais pour plus de sécurité, je vais placer deux hommes demain chez monsieur N'gom.

Le lendemain...
— Regardez, commissaire, le bonhomme de neige a bougé ! souffle Rachid.

Le voleur est enfin arrêté et les enfants ont leur photo dans le journal.
— Félicitations, mes enfants ! Vous nous avez bien aidés.

L'eau est nécessaire à la vie

L'eau existe en grande quantité sur notre planète.
Notre corps, celui des animaux, les plantes contiennent de l'eau.
Tous les êtres vivants ont besoin d'eau :
elle est indispensable à la vie.

Lorsque le sol manque d'eau, c'est la **sécheresse**. ▶

Le savais-tu ?

L'eau peut être salée comme celle des mers ou douce comme celle des rivières.

L'eau solide : la glace

Dans la nature, l'eau peut se trouver sous deux formes : liquide ou solide. La neige, le givre, les grêlons, le verglas sont de l'eau à **l'état solide**.

◀ Quand l'eau est liquide, le thermomètre peut indiquer entre 0 et 100°C.

◀ Quand l'eau est solide, le thermomètre est au-dessous de 0°C.

Dans le congélateur, l'eau versée dans le bac à glaçons devient de la glace. ➡

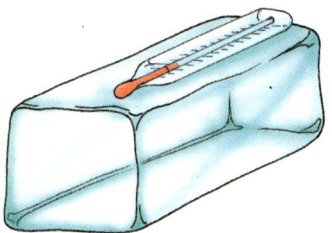

Le savais-tu ?

La glace occupe plus de volume que l'eau. Fais l'expérience : remplis une bouteille plastique avec de l'eau et place-la au congélateur.

L'eau solide redevient liquide

◀ Dès que la neige, la grêle ou la glace se réchauffent, elles fondent et redeviennent de l'eau liquide.

Quelquefois sur les océans, on voit des icebergs : ce sont d'énormes blocs de glace qui se sont détachés de la banquise, une immense étendue de glace flottante.
Ils fondent petit à petit en se déplaçant. ▼

Le savais-tu ?

À 0°C, la glace fond et redevient de l'eau.

L'eau s'évapore

Quand le linge est sorti de la machine à laver, il est mouillé et contient de l'eau. Si on l'étend sur un fil, au soleil et au vent, il sèche en quelques heures.

Grâce au vent et à la chaleur du soleil, l'eau s'est **évaporée** : elle s'est transformée en un gaz invisible, **la vapeur d'eau**.

Dans une cocotte-minute, on fait bouillir l'eau à 100°C : celle-ci se transforme en vapeur, ce qui permet de cuire les aliments rapidement.

La vapeur d'eau redevient liquide

◀ Quand l'air se refroidit, la vapeur d'eau commence à redevenir liquide. De fines gouttelettes d'eau sont visibles : c'est **le brouillard**.

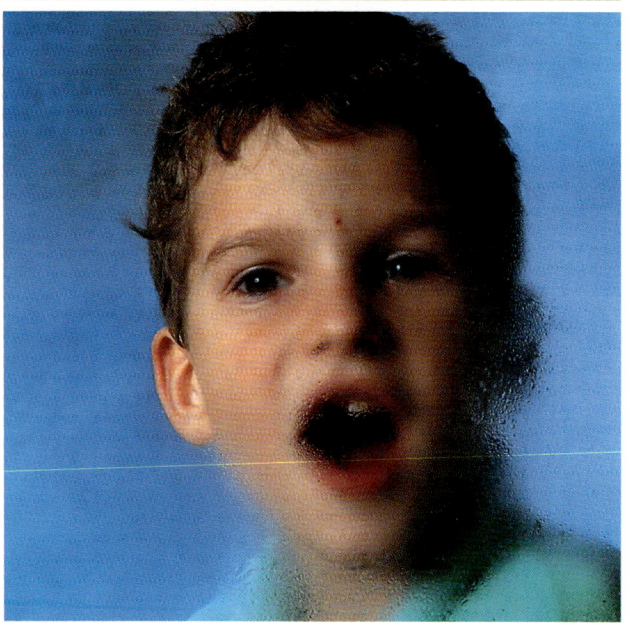

◀ Quand tu respires, l'air que tu rejettes contient de la vapeur d'eau. Cette vapeur se transforme en une sorte de brouillard quand il fait froid : c'est **la buée**.

Crédit photographique

P. 20 hg : Zimmerman / ANA ; **hm** : Agence ANA ; **hd** : F. Hanoteau ; **mg** : F. Hanoteau ; **m** : F. Hanoteau ; **md** : F. Hanoteau ; **bd** : B. Letnap / SUNSET. **P. 21 h** : Waldkirch / ZÉFA ; **g** : Labat / NATHAN. **P. 22 h** : P. Pujebet / EXPLORER ; **b** : T. Johnson / ANA.
P. 23 h : A. Stragesko / ANA ; **b** : F. Hanoteau. **P. 24 h** : H. Wiesner / ZÉFA ; **b** : F. Hanoteau.

N° d'éditeur : 10086950 - (II) - (5) - CSBTS 150 - Juin 2001
Impression et reliure : Pollina s.a., 85400 Luçon - n° 83918